AF216932

Sr. M. Gabriela Zinkl & Madeleine Spendier

Die gute Zeit ist nah –
24 x achtsam durch den Advent

Sr. M. Gabriela Zinkl & Madeleine Spendier

Die gute Zeit ist nah

24 x achtsam
durch den Advent

benno

Bibliografische Information
der Deutschen Nationalbibliothek
Die Deutsche Nationalbibliothek verzeichnet diese
Publikation in der Deutschen Nationalbibliografie;
detaillierte bibliografische Daten sind im Internet über
http://dnb.d-nb.de abrufbar.

Besuchen Sie uns im Internet:
www.st-benno.de

Gern informieren wir Sie unverbindlich und aktuell
auch in unserem Newsletter zum Verlagsprogramm, zu
Neuerscheinungen und Aktionen. Einfach anmelden unter
www.vivat.de.

Entstanden in Zusammenarbeit mit katholisch.de auf Grundlage
der Video-Reihe „Spiritea – Impulse für eine Teelänge" auf dem
YouTube-Kanal von katholisch.de.

ISBN 978-3-7462-6394-6

© St. Benno Verlag GmbH, Leipzig
Covermotiv: © Stock.adobe.com/Ju_See
Umschlaggestaltung: Rungwerth Design, Düsseldorf
Gestaltung & Gesamtherstellung: Kontext, Dresden (A)

Herzlich willkommen!

Momente der Achtsamkeit und Ruhe

Ich mag den Advent. Es wird abends früher dunkel, es wird stiller, auch in mir. Gerne trinke ich dann eine Tasse Tee und spüre dem nach, was in mir ist. Das ist wie ein Ritual für mich, das mir hilft, innerlich ruhiger zu werden und achtsamer. Genau das wollen die 24 Texte in diesem Adventskalender auch: Achtsamkeit schenken für eine Teelänge. In den Impulsen haben Schwester M. Gabriela und ich aufgeschrieben, was uns in unserem Leben dabei hilft, achtsamer zu sein. Schwester M. Gabriela ist Ordensfrau, lebt in Jerusa-

lem und lehrt an der Universität. Ich bin Redakteurin und lebe mit meiner Familie in Bonn.

In den Impulsen erzählen wir aus unserem Leben, von unterschiedlichen Erfahrungen, die uns gestärkt haben, die uns Mut gemacht haben, die uns getröstet haben.

Schön, wenn Sie, liebe Leserin und lieber Leser, daraus etwas Hoffnungsvolles für Ihr Leben und für Ihren Glauben mitnehmen können.

Wir wünschen Ihnen eine gute Zeit durch den Advent, gefüllt mit besonderen Momenten der Achtsamkeit und der Ruhe.

Ihre Madeleine Spendier und
Ihre Schwester M. Gabriela Zinkl

1. Dezember

Von Herzenswünschen und Fürbittenbüchern

Die meisten Bücher sind schon fertig. „Fertig" im Sinn von voll bedruckt oder beschrieben mit Text, von der ersten bis zur letzten Seite. Es gibt Bücher unterschiedlichster Genres, und je nach Lust und Laune fischen wir das passende Werk aus dem Bücherregal zu Hause, in der Bibliothek oder im Buchladen, real oder digital. Egal ob Roman, Krimi, Fantasy-Geschichte, Fachbuch, Gesetzbuch oder Lexikon, je mehr Text, desto mehr Information, Spannung und Zeit, das alles zu lesen.

Aber es gibt auch Bücher, die leer und unbeschrieben sind. Ihre weißen Seiten warten darauf, dass sie beschrieben werden von kreativen Autorinnen und Autoren. Da sind also wir selbst gefragt! Von dieser Art gibt es trotzdem jede Menge: Notizbücher, Gästebücher, Tagebücher, Kondolenzbücher und nicht zu vergessen Anliegen- oder Fürbittenbücher. Letztere findet man zum Eintragen in Kirchen, Klöstern, Krankenhauskapellen oder Autobahnkirchen. Und diese Fürbittenbücher werden stark genutzt. Sie sind viel mehr als ein Gästebuch oder Tagebuch. Sie wollen gefüllt werden mit ganz persönlichen Anliegen und Wünschen von jedem, egal ob gläubig oder eher skeptisch. Es gibt sie als Buch zum Beschreiben mit Füller oder Kuli, und es gibt sie neuerdings auch online im Internet, sogar mit einer Funktion zum virtuellen Anzünden von Kerzen für ein persönliches Anliegen. Die Fürbittenbücher, egal ob real oder digital, bieten jede Menge Platz für persönliche Sorgen, Anliegen und Wünsche. Davon hat jeder von uns jede Menge! Das geht los beim Herzenswunsch, endlich den richtigen Partner zu finden und sich zu verlieben. Oder jemand bittet inständig, von einer schweren Krankheit geheilt zu werden. Und da sind die vielen kleinen Alltagssorgen, die wir uns in so einem Anliegenbuch von der Seele schreiben können. Auch das ist schon eine erste Hilfe. So ist es für die einen die letzte Hoffnung, für andere eine Möglichkeit unter vielen, das eigene Anliegen dort niederzuschreiben, eine Kerze anzuzünden, kurz innezuhalten und es dem Gebet der Gemeinde oder dem Kloster anzuvertrauen. Wie gut, dass es diese Fürbittenbücher dort gibt und dass da jemand für meine Anliegen und die anderer betet, die in diesem Buch aufgeschrieben sind. Ist das nicht auch eine wunderbare Anregung für die Adventszeit, für andere zu beten? Sich Zeit zu nehmen für ihre ganz persönlichen Anliegen. Man kann ja ganz klein anfangen und das Anliegenbuch in der Kirche durchlesen. Oder im Advent selbst ein leeres Buch gestalten mit einem schönen Vorwort, und andere einladen, sich darin einzutragen mit ihren Herzenswünschen und Fürbitten. Auf dass sie bis an Weihnachten in Erfüllung gehen mögen, beten schadet nie!

Tipp

Wunschzettel mal anders? Notieren Sie sich dieses Jahr doch einmal Wünsche und Bitten, die Ihnen kein Mensch erfüllen, sondern für die man nur bitten kann.

2. Dezember

Adventskranz binden –
Ein Ritual für den Advent

Ich mag den Duft von frischen Zweigen aus dem Wald. Gerne binde ich daraus einen Kranz für die Adventszeit. Das ist für mich ein Ritual, um in Adventsstimmung zu kommen. Ich kenne das Ritual aus meiner Kindheit. Es war immer ein Erlebnis, wenn wir als Familie gemeinsam in den Wald gegangen sind, um für den Adventskranz Äste zu sammeln. Daran erinnere ich mich heute noch gerne, wenn ich meinen Adventskranz binde.

Natürlich kann man die adventliche Stimmung auch anders zu sich nach Hause holen. Entweder man kauft sich einen Kranz oder man stellt sich ein paar Zweige auf den Tisch. Manche dekorieren ihre Wohnung auch mit Kerzen oder schönen Dingen. All diese Rituale können dabei helfen, sich auf den Advent einzustimmen.

Ich mag den Advent. Draußen wird es abends früher dunkel. Das bringt mich auch in Berührung mit den dunklen Seiten des Lebens. Die Kerzen, die ich dann auf dem Adventskranz entzünde, bringen etwas Licht in diese Dunkelheit. Das tut mir gut. Dann lasse ich meine Gedanken zum Gebet werden:

„Guter Gott,
segne diese grünen Zweige.
Sie erinnern mich daran, dass ich immer wieder Hoffnung brauche in meinem Leben.
Wenn ich jetzt eine Kerze anzünde, dann lass mich spüren, wie gut es ist, wenn es nicht dunkel bleibt, und ein Licht leuchtet.
Ich kenne dunkle Stunden in meinem Leben. Doch ich vertraue darauf, dass du, Gott, mir die nötige Kraft dazu gibst, das Dunkle auszuhalten. Dein Licht lässt mich hoffen, dass es wieder gut wird. Begleite mich und alle, die mir nahe sind, durch den Advent. Amen."

Tipp

In Adventsstimmung kommen ist gerade schwer? Machen Sie einen Termin mit sich selbst. Eine Tasse Tee, ein paar Plätzchen und eine Kerze – Zeit nur für Sie und Ihre Gedanken.

3. Dezember

Im Licht einer Kerze betrachtet

Jeden Sonntag im Advent brennt wieder eine Kerze mehr am Adventskranz. Der Advent, das Warten auf Weihnachten, ist für mich die beste Zeit, um Kerzen anzuzünden. Eine brennende Kerze ist etwas Einzigartiges. Sie setzt ein unaufdringliches Zeichen von Wärme und Nähe in unsere Welt, gerade im kalten und dunklen Winter. Keine Glühbirne, keine noch so moderne LED-Lampe kann es mit dem beruhigenden natürlichen Licht einer Kerze aufnehmen.

In unseren Kirchen haben Kerzen und das Anzünden von Kerzen das ganze Jahr über Saison. Schon kleine Kinder können erzählen, dass eine Kirche ein Ort ist, wo immer Kerzen brennen, anders als zu Hause. In vielen Kirchen und Kapellen auf der ganzen Welt gibt es tagsüber die Möglichkeit, ganz privat eine kleine Kerze anzuzünden, oft in einer Gebetsnische, Seitenkapelle oder Krypta. Und es gibt unzählige Menschen, die das jeden Tag tun, irgendwo auf der Welt. Sie zünden dort eine kleine Kerze an und bringen ihre ganz persönlichen Anliegen, Sorgen und Hoffnungen vor Gott. Ganz oft geschieht das aus dem Grund, weil sie selber nicht mehr aus noch ein wissen. Ich mag diese Gebetsorte in den Kirchen sehr gern. Man kann dort das Gebet und die Nöte der Menschen und ihr Vertrauen auf Gott fast mit den Händen greifen und an der Anzahl der brennenden Kerzen sehen. Da kommt zum Beispiel ein junger Mann mit gestyltem Haar und Aktentasche zum Seitenaltar und schaut seiner Kerze noch lange Zeit sehnsuchtsvoll nach, auch beim Hinausgehen. Da ist ein Mädchen mit Schulrucksack über der Schulter, das seine Kerze gekonnt platziert und die Kirche nach einer raschen Kniebeuge wieder verlässt, als würde sie zu einer anstehenden Prüfung eilen. Da blickt eine ältere Frau mit strähnigem Haar, tiefen Augenringen und traurigem Blick ihre Kerze lange und hoffnungsvoll an und spricht mit den Lippen ein stummes Gebet, bevor sie in bedrückter Haltung fortgeht.

Das Anzünden einer Kerze ist für mich viel mehr als nur eine nette Entspannungsübung-Übung oder das i-Tüpfelchen für romantische Stimmung. Die Zeit des Advents mit Adventskranz und Kerzenschein will uns jedes Jahr wieder an das Wesentliche erinnern: dass auch in dunkelster Nacht ein Licht für uns leuchten wird, so wie damals in Betlehem. Dass Gott für uns Mensch geworden ist, in einem kleinen Stall, dort, wo niemand mit ihm gerechnet hat. Daran denke ich, wenn nach und nach eine Kerze mehr am Adventskranz leuchtet.

Tipp

Verbinden Sie es doch jedes Mal mit einem kleinen Gebet, wenn Sie eine Kerze an Ihrem Adventskranz entzünden. Vielleicht senden Sie einen Gedanken an einen lieben Menschen himmelwärts …

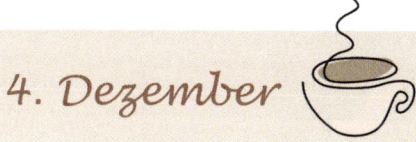

4. Dezember

Wie ich bete

Einmal hat mich ein Ordensmann gefragt: „Beten Sie?" „Natürlich", habe ich gesagt. Ja, ich gehe sonntags in den Gottesdienst. Ich bete gerne das „Vaterunser" und das „Gegrüßet seist du, Maria", und ich lese in meinem Stundenbuch, im „Te Deum". „Das meine ich aber nicht", hat er dann zu mir gesagt. Dann hat er erklärt: Er wollte wissen, ob ich auch mit Gott rede wie mit einem guten Freund oder einer guten Freundin. Ich habe gemerkt, das mache ich viel zu selten.

Jedoch habe ich Rituale in meinem Leben, die mir helfen, Gott in mein Leben reinzulassen.

Zum Beispiel zünde ich gerne eine Kerze an, wenn wir als Familie essen. Dieses Ritual hilft mir, daran zu denken, dass Gott jetzt bei uns ist. Wir singen gerne ein Segenslied zusammen. Gott ist für mich wie ein Vater und wie eine Mutter, die für uns sorgen.

Auch wenn ich in eine Kirche gehe, zünde ich dort

gerne eine Kerze an und spreche leise die Namen der Menschen aus, an die ich besonders denke und die Gott segnen möge.

Manchmal knie ich mich in der Kirche hin. Diese Haltung tut mir gut. Meine Oma hat das beim Beten auch gerne gemacht. Sie hat sich hingekniet und dabei die Hände gefaltet und still gebetet.

Ein wichtiges Ritual in meinem Glauben ist auch das Kreuzzeichen. Bevor wir auf eine Reise gehen, zeichnen wir uns als Familie gerne gegenseitig mit Weihwasser ein kleines Kreuz auf die Stirn. Wir bitten Gott darum, auf uns aufzupassen und uns gesund wieder heimkehren zu lassen. Abends vor dem Schlafengehen mache ich auch gerne ein Kreuzzeichen und bete dazu: „Im Namen des Vaters und des Sohnes und des Heiligen Geistes. Amen."

So lege ich den vergangenen Tag zurück in Gottes Hände. Alles, wofür ich dankbar bin, was gut war, worüber ich mich gefreut habe, lass ich nochmals im Herzen nachklingen. Dort, wo ich einen Fehler gemacht habe, bitte ich Gott um Kraft, es morgen besser zu machen. Ich vertraue darauf, dass Gott auch morgen bei mir sein wird. Mit all diesen kleinen

Ritualen im Alltag bin ich Gott so nahe wie einem guten Freund oder einer guten Freundin.

Tipp

Denken Sie einmal über Ihre Rituale am Morgen nach. Wie wäre es damit, morgens im Bett fünf Minuten innezuhalten, bevor der Tag seinen Lauf nimmt?

5. Dezember

Eine schwere Übung: Die Lobdusche

Es gibt so eine Übung, an die erinnere ich mich immer wieder gerne: Vor einigen Jahren habe ich sie mit meinen Kolleginnen bei einer Veranstaltung ausprobiert. Sie geht so: Die Teilnehmer sitzen im Kreis zusammen. Eine Person stellt sich in die Mitte. Die anderen sagen dieser Person etwas Positives, und zwar alles, was ihnen einfällt. Also etwa so: „Du lachst schön. Ich mag es, wenn du etwas erzählst. Du kannst richtig gut zuhören. Wenn du den Raum betrittst, geht die Sonne auf."

Als ich damals an die Reihe kam und die anderen mir gute Worte zusagten, war es ziemlich schwer, das auszuhalten. Es tat so gut. Am liebsten wäre ich weggelaufen. Ich wollte mich gleich für alles rechtfertigen, es abtun. Aber wer in der Mitte steht, darf nichts sagen, höchstens nicken und das Lob wie eine Dusche genießen.

Auch ich habe für meine Kolleginnen viele positive Worte gefunden. Eine Kollegin fing an zu weinen, weil es ihr so gutgetan hat. Vielleicht auch, weil sie es nicht gewöhnt ist, dass sie so gelobt und geschätzt wird. Ich zehre noch heute von meiner Lobdusche von damals mit meinen Kolleginnen, von den schönen Sätzen, die ich da gehört habe. Ich bin dankbar dafür.

Ich glaube, das wäre auch eine schöne Übung für meinen Alltag. Wie oft vergesse ich, die zu loben, die mir am nächsten stehen, obwohl ich weiß, wie viel Gutes sie mir schenken, jeden Tag. Daher nehme ich mir für diesen Advent vor, einfach wieder mehr zu loben.

Tipp

Wann haben Sie das letzte Mal jemanden gelobt? Nehmen Sie sich das doch einmal für heute vor!

6. Dezember

Nikolaus

Wenn ich an den Nikolaus denke, dann fällt mir eine Begebenheit aus der Kindheit ein. Meine Geschwister und ich warten schon freudig auf den heiligen Mann. Als er endlich durch die Tür eintritt, verliert er beinahe seine goldene Mitra. So groß ist er. Ich komme mir klein vor. Er liest aus einem goldenen Buch vor, schaut mal streng, mal lacht er. Er weiß von uns Kindern. Ich soll dann ein Gebet aufsagen, das ich auswendig kann. Doch das „Vaterunser" kommt mir nur stammelnd von den Lippen. Ich bin so nervös, muss mehrfach von vorne beginnen und ärgere mich. Es ist ein Gefühl der Hilflosigkeit. – Natürlich gab es später als Belohnung für alle einen Sack voller Leckereien. Das unangenehme Gefühl von damals habe ich nicht vergessen.

Ich überlege heute: Was hätte der Nikolaus, was hätte ich damals anders machen können? Heute würde ich dem großen Mann von damals sagen: „Komm, beuge dich doch zu mir, knie dich nieder, dann können wir uns auf Augenhöhe anschauen. Vielleicht braucht es dann gar kein auswendig aufgesagtes

Gebet mehr, was meinst du?" Viele haben bestimmt andere Erfahrungen mit dem guten Nikolaus aus Myra gemacht. Einem Mann, der anderen geholfen hat, ihre Not gesehen hat, der sich auch mal was getraut hat. Er erinnert uns daran, gut zueinander zu sein. Vor einem Nikolaus sollte man eigentlich keine Angst haben. Mein Nikolaus von damals wollte mich bestimmt nicht klein machen. Heute finde ich den Brauch besonders schön, wenn Kinder sich als Nikolaus verkleiden. Sie ziehen Mitra, Stab und Umhang an und beschenken sich gegenseitig und sagen einander etwas Gutes. Nikolaus oder Nikola kann doch jeder und jede sein!

Tipp

Seien Sie doch heute mal ein Nikolaus oder eine Nikola für jemanden! Wem könnten Sie heute etwas Gutes tun?

7. Dezember

Wer wartet schon gern?

Auf den Handwerker, den Märchenprinzen, die Antwortmail, den Führerschein oder die Rente. Im Leben wartet man auf so einiges. Eigentlich ist das ganze Leben ein Wartezimmer zwischen „Wann geht es endlich los?", „Wann sind wir endlich da?" und „Wann muss ich gehen?".

Am liebsten würden wir gar nicht warten, richtig? Am liebsten wäre es uns, wenn alles genauso läuft, wie wir es selbst geplant haben. Aus diesem Grund haben wir ein Sammelsurium an Kalendern, Apps und Erinnerungsmitteilungen aller Art. Unsere kleinen technischen Helfer wollen unsere Zeit sinnvoll managen, Verspätungen und unnötige Wartezeiten um jeden Preis vermeiden.

Warten ist nicht schön, warten ist Stress. Aber: Was uns beim Warten am meisten in Stress versetzt, ist nicht der anstehende Termin, sondern wir selbst. Oft sind wir in unseren Gedanken schon einen Schritt weiter, denken darüber nach, was es noch alles zu tun gibt und was man während der unnötigen Wartezeit alles hätte erledigen können. Das ist nicht gerade motivierend, sondern leider ziemlich frustrierend.

Im Advent ist das anders, zumindest ein bisschen. Der Advent, die vier Wochen vor dem Weihnachtsfest, ist für die meisten eine wunderschöne Zeit. Wir entwickeln von klein auf eine Sehnsucht nach den damit verbundenen gemeinschaftlichen Ritualen und der besonderen Atmosphäre. Im Advent zelebrieren wir das Warten richtiggehend, wir machen es uns schön kuschelig. Adventskalender, Weihnachtsplätzchen, Glühwein und der Duft von Mandarinen machen uns die Tage der Wartezeit so angenehm wie möglich. Wenn das Warten doch immer so schön wäre wie im Advent!

Tipp

Müssen Sie heute warten? Nutzen Sie die Zeit, um Ihre Gedanken zu sortieren: Auf was freuen Sie sich und was macht Ihnen Bauchschmerzen, wenn Sie an Weihnachten denken?

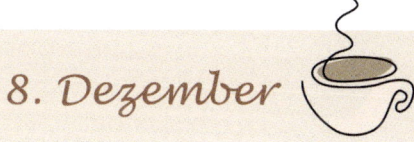

8. Dezember

Lieber Gott, wir müssen mal reden

„Beten ist reden mit Gott", sagen die Lexika, Ratgeber und die weisen Frauen und Männer quer durch alle Weltreligionen. Erstaunlicherweise sind sie sich darin alle einig. Dann scheint also doch etwas Wahres dran zu sein an all den biblischen Geschichten über Abraham, Ruth, Mose, Jona mit dem Wal und natürlich über Jesus, wie er in der Wüste mit den Versuchungen hadert, im Garten Getsemani seiner Verhaftung harrt und wie er am Kreuz zu Gott ruft und dann seinen Geist aushaucht. Das alles soll „beten" sein? Mal auf dem Berg, in der Wüste, mitten unter den Leuten, vor dem Essen oder ganz allein? Und überhaupt, ist man mit Gott beim Beten per Du, auch wenn man ihn gar nicht kennt?

Ich würde ganz klar sagen: Klar ist man mit Gott per Du! Alles andere wäre unpersönlich und distanziert. Schon in einem der bekanntesten und beliebtesten

Texte des Alten Testaments, in Psalm 139, wird Gott selbstverständlich mit „Du" angesprochen.

„Herr, du hast mich erforscht und kennst mich. Ob ich sitze oder stehe, du kennst es. Du durchschaust meine Gedanken von fern. Ob ich gehe oder ruhe, du hast es gemessen. Du bist vertraut mit all meinen Wegen. Ja, noch nicht ist das Wort auf meiner Zunge, siehe, Herr, da hast du es schon völlig erkannt. Von hinten und von vorn hast du mich umschlossen, hast auf mich deine Hand gelegt" (Psalm 139,1–5).

Egal ob man das laut oder leise liest, es ist nicht zu übersehen, dass da von einem sehr liebevollen Gegenüber die Rede ist. Gott wird beschrieben als einer, der mich kennt und von mir weiß. Der Mensch, der diesen Psalm betet, hat keine Angst vor Gott, sondern ganz großes Vertrauen in ihn. Was für eine zeitlose Aussage: Gott ist für mich da, er hat mich geschaffen, ich bin nicht einfach durch Zufall auf der Welt, sondern ein wichtiges und einmaliges Bauteilchen seiner Schöpfung, ein Unikat. Umgekehrt hat Gott größtes Vertrauen in mich, er baut auf mich und meine Fähigkeiten …

Wenn ich bete, lebe ich aus diesem Vertrauen. Und ich habe die Hoffnung, dass mir geholfen wird. Auch darüber sind sich übrigens alle Weltreligionen einig: Wer betet, wird ruhiger, gelassener, ausgeglichener. Das beweisen zahlreiche wissenschaftliche Studien mit Ordensleuten und Meditierenden quer durch alle Länder und Kulturkreise. Beten, also sich Zeit nehmen für Gott, mit ihm zu reden und auf ihn zu hören, verändert nicht immer meine Situation, aber es kann meine Einstellung verändern, zu Gott und zu meinen Mitmenschen. Das ist doch schon mal ein guter Anfang.

Tipp

Nach einem anstrengenden Tag erstmal abschalten? Wie wäre es heute mit einem Gebet im Lieblingssessel? Werfen Sie allen Ärger, Frust und Stress auf Gott!

9. Dezember

Vom Schenken und Beschenktwerden

Vor einiger Zeit fegte ein kleiner Wirbelsturm durch unser Refektorium, so heißt das Esszimmer oder der Speisesaal in einem Kloster. Und ganz wie Stürme das so an sich haben, hat dieser Wirbelsturm bei uns in der Schwesterngemeinschaft so einiges durcheinandergebracht. Bis heute sind die Spuren unübersehbar, vor allem auf dem großen Esstisch, genauso aber auch in den Herzen aller sieben Schwestern unserer Hausgemeinschaft. Was ist passiert? Es war wenige Tage nach Weihnachten, als zwei Mädchen an der Tür unseres Refektoriums klopften, als wir gerade beim Abendessen waren. Sarah und Anna, acht und zehn Jahre alt, machten bei unserem Anblick nicht weniger große Augen als wir in diesem Moment. Da standen zwei afrikanisch-bayerische Wirbelwinde vor uns, die mit ihrer Familie aus Deutschland und Kenia eine Reise ins Heilige Land machten und erst wenige Stunden vorher in unserem Gästehaus in Jerusalem angekommen waren. Mir nichts, dir nichts liefen die beiden Wirbelwinde von Schwester zu Schwester und beschenkten jede mit kleinen Sternchen aus Holz. Nebenbei erzählten sie uns, dass sie diese Geschenke selbst ausgesägt und angemalt hatten. Wir Ordensschwestern blieben staunend zurück, jede mit einer Hand voller Sterne, und konnten dieses kleine Glück kaum fassen. Seitdem zählen diese kleinen Sterne, das Überraschungsgeschenk von Sarah und Anna, zu unserer kostbarsten Weihnachtsdekoration, die wir jedes Jahr mit Ehrfurcht am Tisch dekorieren und uns an ihr erfreuen.

Tatsächlich ist am Schenken und Beschenktwerden etwas dran, das niemanden kaltlässt. Wie kein anderes Fest verbinden wir Weihnachten, das Fest der Geburt Jesu, und ganz ähnlich den Geburtstag eines lieben Menschen mit Geschenken. Damit verbunden ist die Frage aller Fragen: Nicht „was" soll ich schenken, sondern „warum" ergibt es Sinn, dass ich andere beschenke? Wenn wir etwas geben, haftet dem Geschenk immer auch ein Teil von uns selbst an. Wir kennen das aus unserer eigenen Erfahrung:

Ein Geschenk spricht für den und die, die es sich ausgedacht und vorbereitet haben.

Ohne Geschenke wäre unsere Welt arm, kalt und traurig. Habe ich heute schon etwas verschenkt? Habe ich mich heute schon verschenkt? Nicht zu vergessen: Man muss für ein Geschenk nicht viel Geld ausgeben. Man kann Sterne oder Herzen selbst aussägen, so wie Anna und Sarah, oder man kann auf dem Weg zum Parkplatz oder zur U-Bahn ein Lächeln verschenken, an jemanden, der einem entgegenkommt. Überraschend, kostenlos, geschenkt. Das wirkt Wunder, einfach so.

Tipp

Was war das schönste Geschenk, welches Sie jemals bekommen haben? Bedanken Sie sich doch einfach noch einmal dafür (und wenn es auch nur in Gedanken ist)!

10. Dezember

Wie ich mit Einsamkeit umgehe

Als Studentin habe ich für ein paar Jahre allein gewohnt. Ich war Single. Tagsüber war viel los, und wenn ich dann abends heimkam, war niemand da, nur eine leere Wohnung. Da habe ich mich oft allein gefühlt. Es war niemand da, mit dem ich reden konnte. Vor allem beim Essen fand ich es nicht so angenehm, allein am Tisch zu sitzen. Manchmal weinte ich dabei.

Mit der Zeit habe ich gelernt, mit dieser Einsamkeit besser umzugehen. Ich habe frische Blumen auf den Tisch gestellt und eine Kerze angezündet. Das mache ich noch heute so. Durch die Kerze fühle ich mich verbunden mit den Menschen, an die ich denke, die ich vermisse. Und Gottes Nähe spüre ich so auch besser. Damals habe ich jedoch gemerkt, dass ich lieber in einer Familie leben möchte, statt allein. Heute lebe ich mit meinem Mann und meinem Kind. Für diese Gemeinschaft bin ich sehr dankbar. Für die Momente der Einsamkeit von damals aber auch. Denn ich weiß, wie sich das anfühlt, wenn man allein ist.

Heute bin ich aufmerksamer, wenn jemand in meiner Nähe allein ist und darunter leidet. Vielleicht kann ich ihn anrufen, einen kleinen Gruß vor die Tür stellen? Ich versuche, mir auch jedes Mal Zeit zu nehmen, wenn ich mit jemandem zufällig auf der Straße ins Gespräch komme.

Ich mag es, ab und zu auch allein zu sein. So kann ich gut über mein Leben nachdenken und Kräfte sammeln. Doch um nicht einsam zu sein, sollte ich dafür etwas tun. Das einzige Mittel gegen Einsamkeit sind geglückte Beziehungen, erfüllende Freundschaften und gute Nachbarschaften. Es fällt mir kein Zacken aus der Krone, wenn ich auf andere zugehe, freundlich bin, die Türe aufmache und auch mein Herz.

Tipp

Wie wäre es mal wieder mit einem Besuch und einer Tasse Tee oder Kaffee mit jemandem, der einsam ist? Vielleicht können Sie ja für ein wenig Gesellschaft und Trost sorgen!

11. Dezember

Mach mal Pause!

Sich in Ruhe zurücklehnen auf dem Stuhl und ganz gemütlich eine Tasse Tee genießen. Sich in den bequemen Sessel oder aufs Sofa setzen und die Lieblingsmusik hören. Mal wieder richtig ausschlafen, sich gemütlich im Bett räkeln, ganz ohne Wecker. Einfach mal raus aus dem Hamsterrad, einen Tag lang ohne Termindruck, ohne dringende Verpflichtungen, stattdessen feines Essen, entspanntes Ausruhen und Zeit für die liebsten Menschen um sich herum haben. Für viele Menschen auf der Welt ist das der reinste Luxus. Denn wir haben ja keine Zeit, schon gar nicht zum Ausruhen und Pause machen. Wenn man lange keine Pause oder Auszeit gemacht hat, ist man das auch erst einmal gar nicht mehr gewöhnt.

Trotzdem ist vollkommen klar: Wir brauchen Pausen, wir brauchen die Unterbrechung in unserem Alltag. Denn schon unser Organismus drängt uns dazu, regelmäßig zu schlafen. Nach einer aktiven

Arbeitsphase und erst recht im sogenannten Futterkoma schreit unser Körper förmlich nach Schlaf. Da helfen auch die stärksten Wachmacher wie Kaffee, Cola oder andere nicht. Irgendwann fallen uns dann doch die Augen zu und wir müssen uns ausruhen und hinlegen. Daran sieht man ganz gut, dass Ausruhen mehr ist als „nicht arbeiten". Es bedeutet, den Körper und den Geist zur Ruhe kommen zu lassen. Da kommt die Adventszeit gerade richtig. Die Tage im Dezember sind kürzer und die Nächte, die Dunkelheit viel länger als das ganze Jahr über. Das heißt nicht, dass wir ganz in Winterschlaf verfallen sollen. Wir sollten uns in den vier Wochen des Advents einfach nur die Zeit gönnen, auch mal auszuruhen, vielleicht am besten am Sonntag. Mach mal Pause! So sagt es uns schon die Bibel. Die Siebentagewoche mündet in den Ruhetag. Im Judentum ist der Sabbat bis heute ein wesentliches Gebot und wird stark gepflegt und eingehalten. Ein echter Ruhetag kommt nicht nur meinem gestressten Körper zugute, sondern wirkt sich auch positiv und produktiv auf das soziale Miteinander aus. Sind die Adventssonntage und die langen Abende im Advent und Dezember nicht genau dafür gemacht: sich füreinander Zeit nehmen; gemeinsam um den Adventskranz sitzen und sich Adventsgeschichten vorlesen; miteinander Spiele spielen und vor allem: ausruhen. So machen wir den Advent nicht nur zu einer besonderen Zeit, nicht zum sinnlosen Warten und Zeitvertrödeln, sondern damit wir innehalten, zur Ruhe kommen und uns wieder auf das Wesentliche konzentrieren können: die menschliche Seite Gottes mitten unter uns.

Tipp

Nehmen Sie sich heute 20 Minuten, setzen Sie sich gemütlich hin, schließen Sie die Augen und achten Sie nur auf Ihren Atem. Sie werden ruhiger, und viel Last kann von Ihnen abfallen.

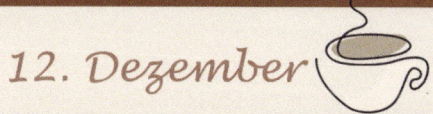

12. Dezember

Sich guttun – Achtsamkeit

Drei Wochen lang hat mir mein Fuß richtig weh-
getan. Ich konnte kaum noch laufen. Aber ich habe
trotzdem weitergemacht. Ich hatte erst kurz davor,
nach der Elternzeit, wieder begonnen zu arbeiten.
Dieser schmerzende Fuß passte nicht in mein Kon-
zept. Ich wollte, dass es läuft. Daher habe ich den
Schmerz ignoriert. Mir fiel auf, wie hektisch und ge-
hetzt ich war. Mit der Zeit konnte ich meinen Fuß gar
nicht mehr bewegen. Ich dachte mir, das wird schon
wieder. Es war ein eindeutiges Alarmzeichen meines
Körpers. Ich habe es übersehen und ignoriert.
Als mir dann ein Arzt endlich die Diagnose – „Das
ist ein Bandscheibenvorfall" – gab, war ich einerseits
erleichtert und andererseits schockiert. So als wäre
ich plötzlich aufgewacht. Ich habe es mir bis dahin
nicht eingestehen wollen, dass mir doch alles zu viel
wurde: Haushalt, Kind, Familie und Job. Ich wollte
funktionieren und habe mir kaum Pausen gegönnt.
Und dann habe ich mir Vorwürfe gemacht, dass ich
nicht aufmerksam genug war für meinen Körper.
Hätte ich schneller reagiert, wäre es vielleicht gar

nicht erst so weit gekommen. Gott sei Dank musste ich nicht operiert werden. Ich war eine Zeit lang krankgeschrieben, mache nun regelmäßig Krankengymnastik und es wird langsam besser.

Ich möchte lernen, auf meinen Körper aufzupassen, ihn fürsorglich zu behandeln und meine Grenzen wahrzunehmen. Auch mein Körper ist ein Teil von mir. Mein Körper und meine Seele brauchen meine Fürsorge. Selbstfürsorge ist ein modernes, aber passendes Wort dafür. Das bedeutet nicht Egoismus, sondern ist überlebensnotwendig. Daher wünsche ich Ihnen: Passen Sie gut auf sich auf.

Tipp

Sind Sie gut im Kontakt zu Ihren Bedürfnissen; achten Sie gut auf sich selbst? Wie wäre es mit einem Spaziergang? Nur Sie und Ihre Gedanken. Worauf müssten Sie besser achten?

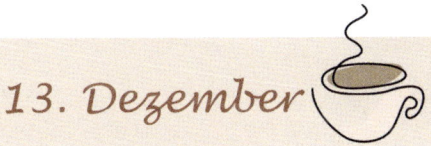

13. Dezember

Die Leuchtende

Auf den Straßen und in den Geschäften um uns herum ist „Vorweihnachtszeit". Vor lauter „Weihnachten" muss man aber nach dem Advent, der Zeit des Wartens auf das Kommen des Herrn, richtig suchen. Am heutigen Tag kann es einem passieren, dass man am Eingang eines Kaufhauses oder eines schwedischen Möbelgeschäfts von einem weiß gekleideten Mädchen begrüßt wird, das einen Kranz mit vier Kerzen auf dem Kopf trägt. Manche denken, diese junge Frau macht vielleicht Werbung für lange Nachthemden, Adventskränze oder skandinavische Butterkekse. Doch nein, falsch gedacht; es handelt sich um das Gedenken an die heilige Lucia (auch: Luzia), deren Gedenktag die Kirche heute feiert. Anders als vermutet, stammt sie nicht aus Schweden oder Skandinavien – auch wenn ihr Fest dort heute groß gefeiert wird –, sondern aus der Hafenstadt Syrakus auf Sizilien.

Lucia ist eine Heilige der frühen Kirche und eine Märtyrerin, die im 3. und 4. Jahrhundert zur Zeit der Christenverfolgungen lebte. Nach ihrem frühen Tod rankten sich bald erste Legenden um ihr Leben und ihre Person. Sie handeln vor allem von der Standhaftigkeit der jungen Christin, die für ihren Glauben unverheiratet bleiben wollte, zahlreiche Verehrer in den Wind schlug und so manche Feuerprobe bestand. Erst ein Dolchstoß durch den Hals kostete sie das Leben. Noch im Sterben soll Lucia ausgerufen haben: „Bringt meine schönen Augen meinen Verlobten auf einem Teller. Er hat sie so gerühmt!" Dass Lucia als Märtyrerin starb, belegt die Aufnahme ihres Namens in Verzeichnisse der Heiligenverehrung der frühen Kirche. Die Details ihrer Heiligenbiografie bleiben jenseits von Legenden jedoch eher im Dunkeln.

Ins Licht führt uns dagegen ihr Name, denn „Lucia", vom lateinischen „lux", das Licht, bedeutet „die Leuchtende". Ihr Gedenktag, der 13. Dezember, fiel nach früherer Kalenderzählung auf die Wende vom kürzesten Tag zur längsten Nacht, hin zum langsam werdenden Frühling. Lucia und ihr Festtag tragen damit die Hoffnung auf das Licht, die Wärme und das neue Leben in der Natur in sich. Deshalb erfährt die Heilige gerade auch in Skandinavien große Verehrung und gehört dort als wichtige Figur zur Advents- und Weihnachtszeit, die aufgrund der langen dunklen Nächte nahe am Polarkreis viel größere Bedeutung hat als in unseren Breiten. Als Vorbotin für Weihnachten kommt sie mit vielen anderen weiß gekleideten Mädchen mit einem Kerzenkranz auf dem Kopf und bringt Lichter und Gebäck. Deshalb ist Lucia eine besondere adventliche Gestalt, Lichtbringerin und Kundschafterin für Jesus Christus, das wahre Licht der Welt.

Tipp

Wenn es dunkel ist, sucht man nach Licht. Können Sie heute jemandem eine kleine Leuchte sein? Vielleicht mit einem guten Wort, Zuhören oder einer Tasse Tee?

14. Dezember

Was für eine Überraschung!

Das war echt eine Überraschung für mich. Ich war ein paar Tage dienstlich in Fulda. Wir haben über die Vollversammlung der Bischöfe berichtet. Wir Redakteure arbeiteten dazu in einem Raum in der Nähe der Theologischen Fakultät. An der Wand im Gang hingen Bilder von Professoren, die dort unterrichtet haben. Und einen dieser Professoren kannte ich, ich hatte ihn vor 20 Jahren als Hochschullehrer in Graz. Ich erinnerte mich daran, dass wir gemeinsam auf einer Studienfahrt in Indien waren, und wie freundlich er immer lächelte. Genauso wie auf diesem Bild. Und ich fragte mich: „Wie es ihm wohl heute geht?" Und dann habe ich ihm einfach eine E-Mail geschrieben. „Vielleicht freut er sich ja darüber", dachte ich mir. Er hat mir gleich zurückgeschrieben. Am nächsten Tag saß ich wieder in diesem Arbeitsraum, und als ich zwischendurch mal zur Tür schaute, stand er plötzlich da, mein Professor von damals. Er zog den Hut vom Kopf und lachte mich an. Ich habe mich so darüber gefreut. In dem Moment liefen mir sogar ein paar Tränen über die Wange. So eine Überraschung.

Wir haben dann zusammen Tee getrunken und uns über alte Zeiten ausgetauscht. Das tat gut. Es ist etwas geblieben von damals, dachte ich mir.

Ich finde, das sollte ich immer wieder mal machen. Jemandem schreiben oder mich bei jemandem melden, den ich schon lange nicht mehr gesehen habe. Vielleicht freut sich der andere auch darüber. Und wer weiß, vielleicht ergibt sich ja auch ein Treffen daraus. Mein früherer Professor und ich, wir wollen nun miteinander in Verbindung bleiben. Und wir schreiben uns seitdem auch.

Tipp

Mit wem hatten Sie schon ewig keinen Kontakt mehr? Schreiben Sie doch mal wieder eine Karte oder einen Brief an jemanden, von dem Sie schon lange nichts mehr gehört haben. Vielleicht knüpfen Sie an alte Freundschaften an!

15. Dezember

Wir wollen Frieden machen

Wenn Kinder miteinander spielen, schlüpfen sie gerne in verschiedene Rollen, als Polizist, Ninja-Kämpfer, Ärztin oder Eisprinzessin. Die meisten Kinder „spielen" gerne Krieg und Kampf, das ist ganz normal. Miteinander raufen, rangeln und kämpfen, mit den Fäusten, mit unsichtbaren Waffen oder mit Spielzeugpistolen, das gehört zum Aufwachsen. Und Kinder können sehr wohl unterscheiden zwischen Fantasiewelt und Wirklichkeit. Sie wissen genau, dass sie im „echten" Leben keine Jedi-Ritter, Polizisten oder Ninja-Kämpfer sind. Das ist nur gespielt. Krieg spielen, das kennen wir alle, wir haben dieses Rollenspiel als Kinder genauso gespielt wie Vater-Mutter-Kind, Einkaufen oder Arztbesuch. Ist das nicht seltsam, es gibt die Redewendung „Krieg spielen" und das Wort „Kriegsspielzeug", aber „Frieden spielen" und Friedensspielzeug kennt keiner? Vielleicht liegen alle Probleme unserer Welt nur an den falschen Spielsachen?

Wie spielt man Frieden? Wie macht man Frieden? Darauf gibt es keine einfache Antwort. Jetzt im Advent ist die beste Zeit des Jahres, um darauf eine Antwort zu finden. Denn wir bereiten uns auf Weihnachten vor, das auch „Fest des Friedens" genannt wird. Am 24. Dezember feiern wir die Geburt des Jesuskindes, die Menschwerdung Jesu Christi, des Sohnes Gottes. Der Moment, wenn ein Baby auf die Welt kommt, ist in allen Kulturen und Religionen auf der Welt ein friedlicher Moment. „Alles wird gut!", selten ist das so spürbar wie zur Geburt eines Kindes. Das ist der eine Aspekt, warum Weihnachten ein Friedens-Fest ist. Viel stärker aber steht die Person Jesu Christi für Frieden. Er ist der, der Frieden auf Erden bringt, wie es die Engel den Hirten verkünden. Als Christen glauben wir daran, dass durch die Menschwerdung Jesu Christi der Friede in die Welt gekommen ist. Warum? Gibt es heute nicht nach wie vor noch Krieg und Kriegsspiele? Das stimmt, noch immer müssen wir nach Frieden suchen, und das ist gar nicht leicht. Aber wir haben in Jesus Christus ein großes Vorbild: Er ist der Friedensfürst, der seine Herrschaft nicht auf ein Fundament der Gewalt stellt; im Gegenteil: Weil Jesus nicht mit Waffen auf Hass und Wut reagierte, sondern andere Wege fand, die Menschen zu versöhnen, durchbricht er die Spirale der Gewalt. Das will uns die Adventszeit aufs Neue bewusst machen, inmitten der Kriegsmeldungen aus der ganzen weiten Welt: Die wichtigste Botschaft von Weihnachten ist Frieden auf Erden.

Tipp

Frieden beginnt im ganz Kleinen. Achten Sie doch heute einmal besonders auf kleine unnötige Unstimmigkeiten! Können Sie Frieden machen?

16. Dezember

Anti-Stress-Rezept

Ich gebe zu, ich mache gerne vieles auf den letzten Drücker. Das macht Stress. Manchmal brauche ich das auch, weil es mich anspornt, etwas besser zu machen. Und manchmal verzweifle ich daran. Wie oft nehme ich es mir vor, es beim nächsten Mal gelassener und ruhiger anzugehen.

Erst vor Kurzem hatte ich einen Bandscheibenvorfall. Das war für mich ein körperliches Zeichen, dass mein Leben etwas aus der Bahn geraten ist. Zu viel Stress, den ich mir selbst gemacht habe. Daraus habe ich gelernt. Jetzt versuche ich so gut es geht, jeden Tag kleine Ruhepausen einzubauen. Und ich verteidige diese auch nach außen und sage dann auch mal: „Jetzt brauche ich ein paar Minuten für mich. Kann ich dazu bitte diese Tür zumachen und alleine sein?"

Früher bin ich nach der Arbeit meist sofort nach Hause geeilt. Jetzt lege ich zwischen Arbeit und dem daheim Ankommen eine kleine Pause ein. Meist komme ich an einer Kirche vorbei. Ich gehe hinein und mache eine Pause bei Gott. Ich stelle mich in die Mitte der Kirche und spüre die Stille dort. Ich schaue auf das Kreuz und sage leise: „Jetzt bin ich da." Manchmal spreche ich laut aus, was mich gerade belastet, was mir Stress bereitet. Das hilft mir. Vielleicht bete ich noch ein kurzes Gebet, lächle kurz zu Jesus und gehe dann wieder. Es ist nur eine Mini-Pause für mich, aber es macht mich ruhiger.

Ich wünsche Ihnen auch solche Haltestellen mitten in Ihrem Alltag.

Tipp

Nehmen Sie sich für heute einen Ort oder eine bestimmte Zeit vor, an der Sie einen Halt einlegen möchten. Lassen Sie Ihre Gedanken einfach schweifen – wie ein Spaziergang für die Seele!

Freude in Rosa

Rosa – das ist ein weiblicher Vorname, der heute selten geworden ist. Vor allem verbinden wir mit diesem Wort zuallererst den Namen einer Farbe. Die Farbe Rosa hat etwas Leichtes an sich, sie ist ein zarter Pastellton, fast wie ein Duft, lange nicht so kräftig oder aufdringlich wie der Farbton Pink. Die Farbe Rosa, die heute viele kleine oder große Mädchen, und auch Jungen, liebend gern tragen, ziert Bleistifte, Lineale, Hefte, Schultaschen, Rucksäcke und vieles mehr, sie ist aus den Spielzeugläden und Kinderzimmern kaum wegzudenken. Nicht wenige sind angesichts der geschlechtsspezifischen rosa Farbflut sogar richtig genervt.

Vielen ist gar nicht bewusst, dass auch die Liturgie der Kirche die Farbe Rosa verwendet. Wer am 3. Adventssonntag einen kirchlichen Gottesdienst besucht, sieht dort mit hoher Wahrscheinlichkeit nicht rot, sondern rosa. Nur zweimal im Jahr kann die

Farbe Rosa in der Liturgie der Kirche verwendet werden. Das rosafarbene Messgewand des Priesters kommt immer dann zum Einsatz, wenn es leichter und heiterer wird in einer von Violett geprägten Zeit im Kirchenjahr: am 3. Advent und am 4. Sonntag der Fastenzeit. Es ist tatsächlich nicht so einfach, diese heitere Note, die die Farbe andeutet, auch im Ablauf der Liturgie des jeweiligen Tages zu entdecken. Dort, wo die 3. Kerze am Adventskranz rosafarben ist, ist sie in jedem Fall ein Eyecatcher. Doch das Rosa im Kirchenraum und in der Liturgie des 3. Adventssonntags will noch mehr: Rosa in der Kirche meint die pure Freude. Das klingt schon im Eingangsvers der heutigen Sonntagsliturgie an: „Gaudete in Domino semper!" – „Freut euch im Herrn allezeit!" Es geht heute in allen biblischen Lesungen um die Vorfreude. In der dunklen Zeit leuchtet uns ein Licht auf, Weihnachten, die Geburt Jesu, ist nahe, wir sollen nicht verzagen! Der Grundgedanke des Advents, das Warten auf das Kommen Gottes, erfährt also nach drei Wochen des Wartens auf den Herrn – und der Frage: Wird er tatsächlich kommen? – eine besondere Akzentuierung in der Liturgie. Das Rosa des

Gaudete-Sonntags will uns sagen: Freut euch! Etwas Großes wird sich ereignen. Jubelt, denn bald ist es so weit. – Es liegt allein an uns, auf die Zeichen zu achten, auf die Worte zu hören und die Farben im richtigen Licht zu sehen.

Tipp

Vorfreude ist bekanntlich die schönste Freude … Freuen Sie sich heute schon auf das weihnachtliche Festessen und planen Sie, was es geben wird! Laden Sie dieses Jahr vielleicht mal jemanden dazu ein, der allein ist.

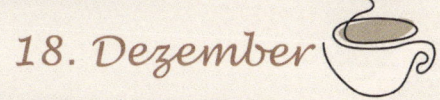

18. Dezember

Schenken

Kurz vor Weihnachten stelle ich mit Erstaunen wie jedes Jahr fest: Ich habe noch nicht alle Geschenke zusammen. Manche Bekannte sagen mir dann verständnisvoll: „Dieses Jahr schenken wir uns nichts." Und dann beeile ich mich trotzdem, noch schnell dieses oder jenes zu besorgen. Doch ich überlege: Ist das wirklich der Sinn vom „Schenken"?

Eigentlich kommt das Wort Schenken von „Einander etwas einschenken", „etwas zu trinken geben". Ein Geschenk ist also etwas, das meinen Durst stillt. So überlege ich: „Was stillt meinen inneren Durst?" Ich glaube, manchmal ist es die Anerkennung und Wertschätzung, die ich mir von anderen erwarte, vor allem von denen, die mir nahestehen.

Ich überlege: Wie kann ich jemanden beschenken, sodass sich der andere von mir angenommen fühlt? Was braucht der andere in diesem Moment wirklich? Ich überlege, welche Geschenke mich tief berührt haben und mir heute noch in Erinnerung geblieben sind.

Eine Freundin schenkt mir zum Beispiel jedes Jahr an Weihnachten selbst gemachte Plätzchen. Dazu

schreibt sie eine Karte mit persönlichen Wünschen. Darüber freue ich mich immer sehr. Wenn mein Patenkind mir etwas Selbstgebasteltes schenkt, wo mein Name draufsteht, berührt mich das immer. Und wenn meine Nachbarin uns eine kleine Überraschung vor die Türe stellt, freu ich mich darüber, dass sie mich nicht vergessen hat. Mein Mann hat mir einmal einen kleinen Engel geschenkt, der auf mich aufpassen soll. Ein schönes Zeichen der Zuneigung, das ich mag. Ich glaube, es ist wichtig, dass ich dem anderen mit so einem Geschenk zeige: Du bist für mich wertvoll. Ich denke an dich.
Ich wünsche Ihnen jetzt eine schöne Zeit fürs Geschenke-Überlegen!

Tipp

Anerkennung schenken? Keine leichte Aufgabe. Nehmen Sie sich dieses Jahr besonders viel Zeit für die Weihnachtskarten und verschicken Sie liebe, wertschätzende Worte!

19. Dezember

Den ganzen Tag geöffnet

Ein großes Schild steht neben der Eingangstür der Kirche: „Hier wartet einer auf Dich!" Was für eine freundliche Einladung, eine Kirche zu betreten, finde ich. Andernorts gibt es solche Schilder mit der Aufschrift „Wir haben für Sie geöffnet!" oder „Zeit für Dich – Zeit für Gott". Eine Kirche besuchen auch außerhalb der Gottesdienstzeiten, einfach mal so? Für nicht wenige ist das ein Geheimtipp, ein Ruhepol mitten im Getriebe und ein Zufluchtsort. Jede Kirche ist ein Haus des Gebets, ein Ort der Stille, des Zu-sich-Kommens, der besonderen Gegenwart Gottes. Mitten am Tag und im Getriebe meines Alltags bietet eine Kirche so einiges: Ich kann dort eine Pause machen und mich still in eine Bank setzen. Ich finde, eine Kirche ist der beste Ort, um den ganzen aufgestauten „Mist" der letzten Wochen in Gedanken und Stoßgebeten abzulegen, vorne am Altar, unter dem Kreuz, bei Jesus, bei Maria, beim heiligen Antonius, beim lieben Gott oder sonst jemandem. Ich kann eine Kerze für einen nahe stehenden Menschen anzünden, weil vielleicht nur noch das hilft. Ich kann einen Wunsch oder eine Fürbitte in ein Buch schreiben, das dort für Anliegen bereitliegt. Vor allem herrscht in einer Kirche tagsüber himmlische Ruhe, es ist ein Rückzugsort, ein Ort, wo einen niemand vermutet. „Hideaway", „Chillout-Room", „Offline-Area" oder Wellnessoase – all das kann ein Kirchenraum sein und bieten, ohne großen Schnickschnack, einfach nur durch die schlichte Präsenz der Kirchengebäude, Kapellen und Gebetsräume in unserer dicht an dicht bebauten und durchgestylten Lebenswelt.

Unsere Kirchen sind zum Bedauern mancher kein Wohnzimmer, wo man die Beine hochlegen und tiefenentspannen könnte. Und doch sind sie ein wunderbarer Ort für eine kleine Auszeit: die Seele baumeln lassen, Abstand nehmen von den eigenen Sorgen und Problemen, eine Möglichkeit zum Gespräch mit Gott, oder einfach nur hören, ob Gott mir etwas sagt.

Ich wünsche mir, dass Kirche weiterhin präsent ist mitten in unseren Wohn- und Lebensorten, in unseren Städten, Stadtvierteln und Dörfern. Denn wo sonst kann man sich, sogar kostenlos, trösten lassen, seine Sorgen abladen, seinen Dank und seine Freude hinausposaunen, vielleicht sogar vom Kirchturm herab. Das Beste daran ist: das geht in vielen Kirchen jeden Tag, ohne Termin – also am besten so bald wie möglich ausprobieren, es ist keine Anmeldung erforderlich! Die Einladung steht!

Tipp

Wenn Sie sich auf den Weg in die Kirche machen, nehmen Sie doch einmal nichts mit. Kein Anliegen, keinen bestimmten Gedanken. Geben Sie sich eine echte Leerlaufzeit!

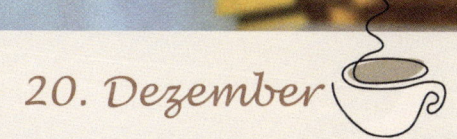

20. Dezember

Mit Kindern in die Kirche gehen

Ich gehe sonntags gerne in den Gottesdienst und überlege dann, was ich mitnehmen kann, damit mein Kind in der Kirche gut durchhält. Ich packe Bücher, Spielzeug und etwas zu essen ein. Die Kirche ist kein Picknickplatz, das weiß ich, doch ich möchte den Gottesdienst so gut es geht mitfeiern und mein Kind soll dabei sein können.

Unser Vierjähriger spielt dann in der Kirche gerne mit seinen Spielzeugautos. Am liebsten düst er damit über gestapelte Gesangbücher. Das kann auch schon mal laut werden, wenn die Autos auf den Boden fallen. Immer wieder dreht sich jemand um oder fühlt sich dadurch gestört. Ich werde dann auch unruhig. Wenn es zu laut wird, gehe ich mit dem Kleinen nach draußen und wir kommen erst später wieder in die Kirche zurück. Ich will andere nicht von der Andacht abhalten oder beim Zuhören stören. Ich finde aber, Kinder dürfen gerne in der Kirche spielen, vor dem Tisch des Herrn. Auch wenn ich weiß, dass manche es nicht so gerne sehen, wenn Kinder in der Kirche herumlaufen, auf den Kirchenbänken turnen oder etwas Mitgebrachtes naschen. Für mich ist das in Ordnung. Ich hoffe, für Gott auch.

Als ich Kind war, saß ich mit anderen Kindern meist in der ersten Kirchenbank ganz vorne. Natürlich musste man da vorne besonders brav und still sein, sonst gab es ernste Blicke.

Ich denke, dass Kinder, die sich während eines Gottesdienstes in der Kirche nicht frei bewegen dürfen oder ständig ein „Nein", „Pssst, leise" oder einen strengen Blick bekommen, später keine Lust mehr haben, zu einem Gottesdienst zu gehen.

Ich gehe gerne in die Kirche. Das wünsche ich auch meinem Kind.

Tipp

Nehmen Sie Ihr Kind oder Enkelkind einmal mit in die Kirche. Einfach so, ohne Gottesdienst. Erklären Sie ihm diesen Ort ganz kindgerecht.

21. Dezember

Licht ins Dunkel

Schneeflocken-Lichterkette, blinkende Rentiere, „Candlelight-Shopping", Adventskranz und Friedenslicht von Betlehem. Was haben diese Stichworte gemeinsam? – Sie sind typisch für die Advents- und Weihnachtszeit. Die Tage und Wochen vor und nach Weihnachten, dem christlichen „Fest der Liebe", werden in vielen Ländern nicht nur mit typischen Leckereien und dekorativen Accessoires, sondern vor allem mit jeder Menge Beleuchtung gefeiert. Lichterketten, Weihnachtssterne und künstliche Kerzenflammen trotzen der dunklen und kalten Jahreszeit und flimmern auf Adventsbasaren, Weihnachtsmärkten, in den Straßen und Schaufenstern der Innenstädte und in den Vorgärten und Fenstern unserer Wohnungen um die Wette.
Weihnachten ist Ende Dezember, wenn in den nördlichen Breiten unserer Erdhalbkugel die Tage am dunkelsten und die Nächte am längsten sind. Auf

manche übt die Dunkelheit und Nacht einen besonderen Reiz aus. Nachtklubs leben von der Attraktion der Dunkelheit, nachts sind alle Katzen grau. In künstlichen „Darkrooms" wird Unsichtbarkeit und Anonymität regelrecht zelebriert. Andere Menschen haben Angst vor der Dunkelheit. Man sieht nicht viel, wenn es dunkel ist. Deshalb ist die Dunkelheit auch ein Symbol für tiefergehende Ängste. Niemand tappt gerne im Dunkeln, lieber möchte man die Dinge erhellen. In einem ganz tiefgründigen Sinn steht die Dunkelheit für das Bedrohliche und den Tod. Licht steht dagegen für die Hoffnung und das Leben. Kann es sein, dass all die Lichterketten und kuriosen Weihnachtsbeleuchtungen ab Anfang Dezember der Dunkelheit zu wenig Raum lassen? Als Christen glauben wir an Jesus Christus, der durch seine Menschwerdung Licht in diese Welt und ihre Nöte gebracht hat, das heißt: Licht und Hoffnung für jeden und jede von uns. Das ist gemeint, wenn wir am 24. Dezember den Heiligen Abend feiern, wenn es draußen dunkel ist. Da scheint es auf, das Geheimnis der „Heiligen" Nacht. Da kommt Licht ins Dunkel, ein kleiner Funke Hoffnung, durch den menschgewordenen Gott. Er ist nicht der „Superhero", der alles Leid aus dem Weg räumt, aber er ist der an unserer Seite, der auch jetzt und heute den schweren Weg mit uns geht und uns bestärkt, in Liebe und Frieden zu leben.

Tipp

Hatten Sie eine lichterfüllte Adventszeit? Brennen Sie Adventskerzen nicht ganz ab, damit Sie das Licht der Welt mit ihrem Entzünden an Weihnachten mit voller Kraft begrüßen können!

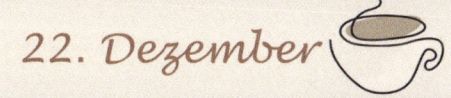

22. Dezember

Mit einem Ritual zum Weihnachtsfest und ins neue Jahr

Bald ist Silvester. Ich mag Rituale, die dabei helfen, gut ins neue Jahr zu starten. Manche Menschen lassen es in der Silvesternacht richtig krachen. Sie freuen sich über die Feuerwerke, die die Nacht erhellen. Ich mag es lieber ruhiger angehen.

Ich räuchere gerne zu Silvester. Dieses Ritual habe ich von meinen Eltern und meinen Großeltern übernommen. Ich nehme dazu mein goldenes, kleines Weihrauchgefäß, in das ich schwarze Kohle hineinlege. Die Kohle zünde ich an und streue bunte Weihrauchkörner auf die Glut. Fast sofort beginnt es zu rauchen und zu duften.

Ich mag meinen Zirben-Weihrauchduft besonders gerne. Mit dem Weihrauchgefäß in der Hand gehe ich dann durch alle Räume in der Wohnung und bete dazu ein Vaterunser oder ein anderes Gebet. Der Duft vom Weihrauch reinigt, so stelle ich es mir vor, all die dicke Luft, die durch Streit, Traurigkeit oder Ärger im letzten Jahr hier drinnen war. Dieses „Reinigungsritual" hilft mir dabei, wieder neu anzufangen.

Mit ein wenig Weihwasser bitte ich Gott dann um seinen Segen für das kommende Jahr für mich und die Menschen, die hier mit mir zusammenleben.

Egal mit welchen Ritual Sie in das neue Jahr starten, ich wünsche Ihnen einen guten, neuen Anfang. Und ich wünsche Ihnen, dass sich manches erfüllt, was Sie sich von diesem Jahr erhoffen. Und wenn etwas im kommenden Jahr nicht so laufen sollte wie geplant, dann wünsche ich Ihnen genügend Kraft, wieder nach vorne schauen zu können. Gott geht mit. Gott segne jeden neuen Anfang in Ihrem Leben.

Tipp

Weihnachten, Silvester, alles wie jedes Jahr? Überlegen Sie heute, ob es ein ein neues, ein ganz anderes Ritual gibt. Vielleicht über Silvester eine Andacht in einer Kirche oder eine Wanderung zu machen?

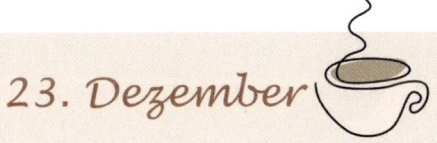

23. Dezember

Stille Nacht, Heilige Nacht

„Morgen Kinder, wird's was geben …", heißt es in einem adventlichen Kinderlied. Morgen Abend ist es endlich wieder so weit. Die Zeit ist gekommen, den Klassiker aller Weihnachtslieder erklingen zu lassen, egal ob zu Hause, auf der Straße, in der Kirche oder sonst wo: Schon bei den ersten Tönen von „Stille Nacht, heilige Nacht" wird jeder und jedem irgendwie warm ums Herz. Wenn das Lied in unseren Familien und in den Gottesdiensten erklingt, dann ist Weihnachten da, das Fest, an dem wir Christen die Geburt unseres Retters Jesus Christus feiern. Was machen eigentlich die anderen, denen das nicht so wichtig ist oder die nicht daran glauben?

Wie das ist, wenn Weihnachten, das uns Christen so hochheilig ist, für andere Menschen keine Rolle spielt, erleben viele Menschen auf der ganzen Welt am Heiligabend hautnah. Denn rund um den Globus gibt es zwar Christen, doch auch viele Regionen, in denen Christen verfolgt werden oder das Christentum nur eine Minderheit darstellt. In all diesen Ländern spielt Weihnachten überhaupt keine Rolle. Die kommenden Tage sind nichts Besonderes, die Woche läuft in ihrem normalen Trott weiter, Muslime gehen zum Freitagsgebet in die Moschee, Juden bereiten sich am Freitagabend auf den Shabbat vor, genauso vollziehen Angehörige anderer Religionen ganz normal ihre Rituale. Weihnachten feiern nur Christen, das ist klar, auch wenn wir das manchmal vergessen. Woran erkennt man uns Christen eigentlich, die wir wie Generationen vor uns in dieser Nacht und das ganze Jahr über alle unsere Hoffnung auf dieses kleine Kind in der Krippe in Betlehem, dem abgelegenen Ort im Nahen Osten, setzen? Eine muslimische Arbeitskollegin sagte mir einmal: „Euch Christen erkennt man daran, dass ihr euch so stark um andere kümmert, auch außerhalb der eigenen Familie, egal welcher Religion und Herkunft."

Jetzt zu Weihnachten Ende Dezember wird es vermutlich kalt sein draußen, in Deutschland genauso wie im Heiligen Land und an vielen anderen Orten der Welt. Daran werden unsere Gebete und frommen Lieder passend zum Weihnachtsfest nichts ändern. Und doch können wir am Weihnachtsabend etwas Entscheidendes dazu beitragen, dass jemand anderem warm wird ums Herz. Wenn wir uns nämlich aufmachen mit einem kleinen Geschenk, einer Karte, einer Kerze, zu einer Person in unserer Nachbarschaft, die ganz allein ist – egal welcher Religion oder Hautfarbe. Denn daran sind wir Christinnen und Christen zu erkennen: Wie wir mit anderen Menschen umgehen.

Tipp

In vielen Kirchengemeinden wird ein Heiligabend für Einsame angeboten. Oder sie helfen mit? Vielleicht laden Sie jemanden zu der Weihnachtsfeier zu sich ein, der im letzten Jahr jemanden verloren hat?

24. Dezember

Die Zukunft ist schon geboren

Auf den letzten Metern vor der Kasse im Supermarkt steht ein Kinderwagen mit einem kleinen Baby zwischen den Warentischen. Im üblichen Gedränge vor den Kassen und im Gerangel der Einkaufswagen achtet normalerweise so gut wie niemand auf den anderen, die meisten setzen alles daran, sich in die kürzeste Kassenschlange einzureihen, bald dranzukommen und schnell mit dem Einkauf fertig zu werden. Aber an diesem Tag bringt der Kinderwagen mit dem kleinen Kind die Einkaufsroutine im Supermarkt ein wenig durcheinander, nicht nur weil er den üblichen Bahnen der Einkaufswagen im Weg steht. Viele machen vor dem kleinen Kind halt, lächeln es für einen Moment freundlich an, sagen ihm ein paar liebkosende Worte und gehen danach glücklich weiter. Nur Kinder haben die einzigartige Macht, unser Stummsein, unsere Entfremdung und die Distanzen in unserer Gesellschaft zu durchbrechen. Niemand

Geringeres als ein Kind schafft es, unter uns allein durch sein Dasein Beziehung und Nähe zu schaffen. Immer wenn ein Kind geboren wird, verwandelt sich die Welt. Jeder ist diesem kleinen Wesen zugetan, und die Freude, die von einem Baby ausstrahlt, verdrängt den geschäftigen Ernst, mit dem wir uns in unserem Alltag nur allzu gern umgeben.

Jedes Kind ist zunächst einmal Teil einer Familie und gehört zu seinen Eltern. Im übertragenen Sinn gehört es aber zugleich auch uns allen. Kinder sind sozusagen ein „gemeinsames Gut" aller Menschen, nicht nur weil wir alle einmal kleine Kinder waren, sondern weil wir auch als Erwachsene nach wie vor Kinder unserer Eltern und Kinder Gottes sind. Für jedes Kind, für alle Kinder allgemein gilt, was der Prophet Jesaja verkündete: „Ein Kind ist uns geboren, ein Sohn ist uns geschenkt" (Jes 9,5). Ein Kind, als Teil einer kleinen Familie wie als Teil der großen Menschheitsfamilie, ist ein Geschenk, ein Geschenk an uns alle. Jedes Kind schenkt jedem und jeder von uns eine Zukunft. Das dürfen wir ganz wörtlich nehmen: Wenn es keine Kinder gäbe, dann hätte die Menschheit keine Zukunft.

Ein kleines Kind stellt einfach so, ohne großen Aufwand und ohne Worte eine unmittelbare Nähe her zwischen Klein und Groß, zwischen Jung und Alt, über mehrere Generationen hinweg. Das ist das besondere Geheimnis an Weihnachten: da liegt ein kleines, unschuldiges Kind in der Futterkrippe. Und alle sind friedlich vereint, Ochs und Esel, Hirten und Könige, Arme und Reiche. Über vier Wochen hinweg haben wir uns im Advent vorbereitet auf dieses kleine Kind. Es liegt jetzt nur noch an uns, ihm einen Platz zu bereiten in der Krippe, in der Warteschlange im Supermarkt, an der Fußgängerampel und an vielen anderen, unscheinbaren Orten unserer Lebenswelt. Denn mit der Geburt, der Mensch-Werdung Jesu Christi unter uns, macht Gott uns ein einmaliges Geschenk, das unserer Vollendung bedarf: eine friedvolle, segensreiche und heilsame Zukunft für uns alle.

Tipp

Bei all dem betriebsamen Vergnügen an den Weihnachtstagen fällt einem die Dankbarkeit manchmal erst ganz zum Schluss ein. Gehen Sie doch beim Essen heute einmal reihum: Wofür sind Sie dankbar?

Bildnachweis

Seite 5: © stock.adobe.com/Fontanis; Seite 6: © Africa Studio/shutterstock; 1.12.: © stock.adobe.com/Анатолий Еремин, 2.12.: © stock.adobe.com/eyetronic; 3.12.: © stock.adobe.com/Hero; 4.12.: © stock.adobe.com/Melanie; 5.12.: © stock.adobe.com/hetmanstock12; 6.12.: © picture alliance/dpa|Thomas Warnack; 7.12.: © stock.adobe.com/Daria Minerva; 8.12.: © stock.adobe.com/Magdalena Fischer; 9.12.: © stock.adobe.com/mallmo; 10.12.: © stock.adobe.com/Gisela; 11.12.: © stock.adobe.com/Manuel Adorf; 12.12.: © stock.adobe.com/lordn; 13.12.: © stock.adobe.com/cmfotoworks; 14.12.: © stock.adobe.com/Stock Rocket; 15.12.: © stock.adobe.com/Marina; 16.12.: © stock.adobe.com/Анастасия Стягайло; 17.12.: © stock.adobe.com/S-H-exclusiv; 18.12.: © stock.adobe.com/Birgit Kober; 19.12.: © stock.adobe.com/carstenzuendorf; 20.12.: © Irina Wilhauk/shutterstock; 21.12.: © stock.adobe.com/OutdoorPhoto; 22.12.: © stock.adobe.com/marisol; 23.12.: © stock.adobe.com/LiliGraphie; 24.12. © stock.adobe.com/Marina